25 JANV. 1886

1

116

116

VENTE DU LUNDI 25 JANVIER 1886

HOTEL DROUOT, SALLE N° 5

Collection de M. S.

ANCIENNES PORCELAINES

DE LA CHINE ET DU JAPON

Suite intéressante de Tasses d'échantillons

FAIENCES DE DELFT

EXPOSITION PUBLIQUE

Le Dimanche 24 Janvier 1886

Me Paul CHEVALLIER
COMMISSAIRE-PRISEUR
10, rue de la Grange-Batelière, 10

M. Ch. MANNHEIM
EXPERT
7, rue Saint-Georges, 7

IMPRIMERIE DE L'ART

CATALOGUE

DES

ANCIENNES PORCELAINES

DE LA CHINE ET DU JAPON

Plats, Assiettes, etc., à décors artistiques

Suite intéressante de Tasses d'échantillons

FAÏENCES DE DELFT ET AUTRES

Quelques Porcelaines de Saxe

Le tout composant la Collection de M. S.

ET DONT LA VENTE AURA LIEU

HOTEL DROUOT, SALLE N° 5

Le Lundi 25 Janvier 1886

A DEUX HEURES

Par le Ministère de M° Paul CHEVALLIER, commissaire-priseur,
10, rue de la Grange-Batelière, à Paris.

Assisté de M. Charles MANNHEIM, expert,
7, rue Saint-Georges, 7

Exposition publique : Le Dimanche 24 Janvier 1886

DE 1 HEURE A 5 HEURES

CONDITIONS DE LA VENTE

Elle sera faite au comptant.

Les adjudicataires payeront *cinq pour cent* en sus des enchères.

L'exposition mettant le public à même de se rendre compte de l'état des objets, aucune réclamation ne sera admise une fois l'adjudication prononcée.

Paris. — Imp. de l'Art. E. Ménard et J. Augry
41, rue de la Victoire, 41

Désignation des Objets

PORCELAINES DE LA CHINE ET DU JAPON

1 — Deux tasses et soucoupes à fond émaillé rouge d'or, décorées, en réserve, de trois papillons polychromes à rehauts d'or.

2 — Deux tasses et soucoupes à fond de rinceaux et fleurs d'or, portant six médaillons en réserve, dont trois losangés à quatre lobes contenant des fleurs et des fruits polychromes, et trois ronds contenant une fleur émaillée en bleu. — Le revers des soucoupes et l'intérieur des tasses sont émaillés en rouge d'or.

3 — Deux tasses et soucoupes à fond émaillé rouge d'or, décorées de médaillons lobés, en réserve, contenant des paysages.

4 — Trois tasses et soucoupes à fond émaillé rouge d'or, décorées de bouquets émaillés en bleu, placés dans des réserves formant, sur les tasses, cinq médaillons cylindriques, et, au fond des soucoupes, une grande rosace à cinq dents.

5 — Grande tasse couverte et soucoupe à fond rouge d'or, décorées de médaillons en réserve affectant la forme de feuilles et de fruits, et contenant des fleurs.

6 — Deux tasses et soucoupes à fond émaillé noir, décorées de fleurs polychromes et de six réserves symétriques contenant des bouquets.

7 — Deux tasses et soucoupes à bordure mosaïque rose et fond émaillé noir chargé de rinceaux verts à fleurs rouges, et portant trois réserves lobées décorées de fleurs.

8 — Deux tasses et soucoupes à bordure rose quadrillée et fond d'or clathré, sur lequel se détache un lambrequin cerné par un filet bleu et portant, sur un fond d'argent mosaïque, trois réserves contenant des fleurs; au

fond des tasses et des soucoupes, un chiffre enlacé, en or, surmonté d'une couronne.

9 — Deux tasses et soucoupes décorées de trois éventails ouverts, disposés symétriquement ; les feuilles, à fond d'or, sont décorées de fleurs, et la monture, émaillée en jaune, s'appuie sur un fond de mosaïque pavée rose, au milieu duquel est une réserve circulaire contenant un coq,

10 — Deux tasses et soucoupes à bordure mosaïque verte et fond rouge de fer, semé de fleurs de pêcher réservées en blanc; sur ce fond se détachent trois réserves réniformes terminées en pointe et contenant des fleurs.

11 — Deux tasses et soucoupes à bordure brune quadrillée d'or, décorées d'un paysage à l'encre de Chine dans un encadrement de rinceaux fleuris polychromes.

12 — Deux tasses et soucoupes à fond de rinceaux fleuris en or, sur lequel s'enlève un grand médaillon à bords festonnés contenant une scène familière : une femme assise surveille deux enfants jouant avec un lapin.

13 — Deux tasses et soucoupes à bordure brune quadrillée d'or et fond pailleté de rouge, portant trois lambrequins émaillés en bleu pâle et décorés de fleurs alternant avec trois réserves losangées décorées de bouquets.

14 — Deux tasses et soucoupes hexagones à large bordure fond vert clathré, à frange de festons dorés et décorée de tiges fleuries en couleurs ; au fond, un bouquet de pivoines et de chrysanthèmes.

15 — Deux tasses et soucoupes à fond de rinceaux émaillés en bleu, figurant les flots de la mer où se jouent des dragons en or ; ce fond est coupé par trois réserves, en forme de feuilles, décorées de paysages à l'encre de Chine.

16 — Deux tasses et soucoupes à bordure mosaïque rose et fond d'or quadrillé de noir, portant trois réserves à bords lobés contenant des coqs.

17 — Deux tasses et soucoupes à fond de fleurs et rinceaux en or encadrant des médaillons à contours lobés contenant des scènes familières.

18 — Deux tasses et soucoupes décorées de deux grands fonds partiels, l'un et l'autre rouge, en forme de dents de lambrequins, ornés de branchages fleuris, parmi lesquels courent des animaux fantastiques; entre deux, des branches de pêcher portant des oiseaux.

19 — Deux petites tasses coniques et soucoupes à bordure de lambrequins fond vert clathré et cernée par un large filet d'or, au-dessous de laquelle volent des papillons; au fond, une branche de pivoine en fleur portant un grand papillon et au-dessous de laquelle vole un insecte.

20 — Deux tasses et soucoupes à bords lobés, décorées d'une scène familière : une femme, assise sur un banc et appuyée sur un rocher, surveille un enfant jouant avec un crabe.

21 — Deux tasses et soucoupes à bordure rose quadrillée, coupée par quatre réserves de fleurs; décor de meubles et de vases de fleurs.

22 — Deux petites tasses coniques et soucoupes à fond d'or décoré de rinceaux fleuris réser-

vés en blanc et cernés de rouge, sur lequel se détachent des réserves rectangulaires contenant des paysages; au fond, dans un médaillon rond, une femme assise sur un rocher, dans un paysage.

23 — Deux tasses et soucoupes à bordure mosaïque quadrillée coupée par quatre réserves de fleurs, et décorées d'un rocher fleuri derrière lequel s'élève un treillage chargé de pampres, parmi lesquelles courent des loirs.

24 — Deux tasses et soucoupes à bordure rose mosaïque, décorées d'un rocher fleuri, sur lequel est perché un oiseau.

25 — Deux petites tasses coniques et soucoupes, décorées en plein d'un paysage rocheux où se trouvent un cerf et une biche.

26 — Deux petites tasses hémisphériques et soucoupes à décor plein, composé de grandes feuilles multicolores superposées, au-dessus desquelles sont des oiseaux et des loirs parmi des branchages fleuris.

27 — Deux tasses coniques et soucoupes à bor-

dure de lambrequins et fleurons polychromes.

28 — Deux très petites tasses et soucoupes à bord évasé et dentelé, et deux rangs superposés de godrons formant bossages, dont chaque division contient une tige fleurie. Famille verte.

29 — Deux tasses et soucoupes à marli, godronnées et à bord dentelé; décor de branchages fleuris et d'oiseaux. Famille verte.

30 — Deux tasses et soucoupes godronnées, à bords évasés et dentelés, et bordure mosaïque à six divisions, alternativement fond rose et fond vert, décorée de fleurs; au fond de la soucoupe et au pourtour de la tasse, des tiges de chrysanthème.

31 — Deux tasses et soucoupes de même forme, à large bordure mosaïque, divisée en compartiments variés de couleur et de dessin; au fond, un vase contenant des arbustes.

32 — Deux tasses et soucoupes de même forme, décorées en plein d'un paysage aquatique.

33 — Trois tasses et soucoupes affectant la forme de fleurs de chrysanthème dont les tiges, garnies de feuilles, forment l'anse des tasses et les supports des soucoupes; au fond des soucoupes, deux branches de pivoine en fleur.

34 — Deux tasses et soucoupes hexagones à bords festonnés; sur chaque pan, des tiges fleuries en émaux de la famille verte, alternant avec des tiges dorées à fleurs rouges.

35 — Deux tasses et soucoupes à huit pans, décorées de pampres sur lesquelles courent des loirs en rouge et or.

36 — Deux tasses et soucoupes à huit pans, décorées alternativement de fleurs et de fonds vermiculés bruns, sur lesquels se détache une fleur ornementale; au fond, un bouquet.

37 — Deux tasses coniques et soucoupes à fond mosaïque rose pavé, et bordures dentelées jaunes cernées d'un filet vert.

38 — Deux tasses coniques et soucoupes à fond mosaïque rose quadrillé, décorées d'une grande rosace mosaïque à six divisions, alter-

nativement fond vert, jaune et rose, et portant une tige fleurie.

39 — Deux tasses coniques et soucoupes à fond mosaïque rose pailleté, sur lequel se détachent trois réserves contenant des fleurs ; au fond, une femme et un enfant dans un paysage.

40 — Deux tasses et soucoupes, fond rouge de fer caillouté et semé de fleurs de pêcher en or, portant trois réserves de fleurs ; au fond, une femme dans un paysage.

41 — Deux petites tasses et soucoupes octogones à bordure rose quadrillée, fond jaune quadrillé et grande rosace à huit compartiments pailletés et portant chacun une fleur de pêcher.

42 — Deux tasses hémisphériques et soucoupes à bordure de légers rinceaux d'or encadrant des fonds partiels or et rouge et formant des divisions dans lesquelles sont placés des bouquets de style européen.

43 — Deux tasses et soucoupes à bordures qua-

drillées rouges, coupées par quatre réserves de fleurs; décor de tiges fleuries, papillons et insectes. Famille verte.

44 — Deux tasses et soucoupes décorées d'un sujet européen : une jeune femme en corsage bleu et jupe rose assise au pied d'un arbre; près d'elle, un jeune homme debout en habit jaune et s'appuyant sur une canne.

45 — Deux tasses et soucoupes à fond de pampres en or encadrant un médaillon lobé où sont représentés, en noir avec rehauts d'or, deux personnages en costume du temps de Louis XIV placés sur une sorte de balcon, un homme jouant de la guitare et une jeune jeune femme accoudée l'écoutant.

46 — Deux tasses et soucoupes à bords lobés; décor plein, en couleurs et or : deux personnages en costume du temps de Louis XIV, une jeune femme présentant à un homme assis près d'elle une cage où celui-ci fait entrer un oiseau.

47 — Deux tasses coniques et soucoupes à bordure composée de quatre médaillons, entre

deux filets d'or, contenant des fleurs et des oiseaux; le médaillon inférieur contient deux navires; au fond de la soucoupe et au pourtour de la tasse : deux écussons d'alliance contenant des chiffres enlacés, surmontés d'une couronne ducale et supportés par deux figures mythologiques.

48 — Deux tasses et soucoupes en porcelaine de Chine, à décor plein exécuté en Hollande : un taureau furieux, après avoir lancé en l'air une femme et un enfant, s'acharne sur un homme étendu à terre.

En dessous, l'inscription : « 29 augustus 1647 », date du massacre dont ces curieuses pièces consacrent le souvenir, conservé d'ailleurs à Zaandam; on voit encore dans l'église de cette ville le tombeau des victimes.

49 — Deux tasses et soucoupes à fond vermiculé brun, chargé de tiges fleuries, sur lequel se détachent quatre réserves lobées contenant des fleurs.

50 — Deux tasses à anse et soucoupes à fond d'or clathré, décorées de réserves à contours festonnés et contenant des fleurs; sur le devant de la tasse; un chiffre entrelacé en or.

51 — Deux tasses coniques et soucoupes fond bleu, sous couverte, décoré de rinceaux dorés, et portant trois réserves lobées contenant des fleurs et des fruits.

52 — Deux très petites tasses et soucoupes à couverte extérieure en brun capucin ; à l'intérieur, un rocher fleuri.

53 — Service composé d'une théière, pot à lait, boîte à thé et deux tasses à anse, à fond émaillé rouge d'or et réserves en forme de rouleau déployé et portant des paysages.

54 — Deux très petites tasses à bordure d'ornements dorés, et fond de rinceaux fleuris émaillés en blanc, portant deux réserves encadrées de filets enlacés noir et or et contenant des oiseaux perchés sur des branchages fleuris.

55 — Deux tasses et soucoupes à fond bleu sous couverte, décoré de rinceaux dorés et portant des réserves contenant alternativement des personnages et des fleurs.

56 — Deux tasses et soucoupes à bordure d'orne-

ments dorés et fond noir émaillé, décoré en réserve de paysages en bleu, rouge et or. Japon.

57 — Deux tasses et soucoupes décorées de fleurs en bleu sous couverte et or, et ayant reçu une surdécoration laquée noir et or, à feuillages rouges. Japon.

58 — Tasse et soucoupe en porcelaine émaillée sur biscuit, fond vert à rinceaux noirs simulant les flots de la mer, semés de fleurs de pêcher, coquillages et objets sacrés en jaune et violet de manganèse.

59 — Tasse et soucoupe affectant la forme et les couleurs d'une fleur de nelumbo dont le pédoncule accompagné de feuilles, de boutons et de graines, forme support.

60 — Tasse et soucoupe à bordure rose quadrillée coupée par quatre réserves de fleurs, décorées de trois cachets fond bleu à rinceaux fleuris émaillés en blanc et rouge, alternant avec trois bouquets de fleurs de nelumbo.

61 — Tasse et soucoupe à bords godronnés et

dentelés et bordure mosaïque a huit compartiments variés de couleur et de dessin; au fond de la soucoupe et au pourtour de la tasse, une femme couchée sur un lit.

62 — Tasse et soucoupe à bordure rose quadrillée coupée par quatre réserves de fleurs; décor : un coq dans un paysage.

63 — Tasse et soucoupe à décor plein : une femme assise et jouant de la flûte dans un jardin.

64 — Tasse et soucoupe à bordure d'ornements et bouquets de fleurs de style européen.

65 — Tasse et soucoupe à bordure de lambrequins encadrant un rocher fleuri sur lequel est perché un faisan argenté.

66 — Tasse et soucoupe à couverte feuille morte décorées de réserves fond vert piqueté de noir sur lequel se détachent des fleurs et encadrées de filets dorés.

67 — Tasse et soucoupe décorées d'une grande

fleur de chrysanthème verte dont les pétales sont dessinés en rouge.

68 — Tasse et soucoupe à décor européen : médaillon contenant un homme et une femme en costume du temps de Louis XV, sur un fond de paysage, encadré d'une guirlande de fleurs; au sommet, une tête de chérubin.

69 — Petite tasse et soucoupe à bordure de rinceaux et coquilles en or et écu aux armes de la famille de Reverhorst entouré de ses alliances.

70 — Petite tasse aux armes de Hollande et soucoupe à bordure et médaillon d'ornements de style européen.

71 — Tasse et soucoupe décorées en bleu sous couverte et surdécorées en Hollande de paniers fleuris en rouge, vert et or.

72 — Tasse et soucoupe fond bleu à réserves dentelées contenant des fleurs.

73 — Tasse et soucoupe décorées en bleu sous couverte : le repas de poisson.

74 — Tasse à anse et soucoupe à bordure fleuronnée en bleu sous couverte, décor polychrome de personnages dans un paysage.

75 — Tasse-gobelet à deux anses, à bordure imbriquée pourpre et décor de fleurs de style européen

76 — Deux tasses réticulées et soucoupes à marli ajouré, décor de bouquets et rosaces en bleu sous couverte.

77 — Deux petites tasses et soucoupes carrées à angles rentrants, à bordures de rinceaux en noir et or, décor polychrome de personnages dans des paysages. Émail peint de Chine.

78 — Plat à large bordure à huit compartiments occupés alternativement par des rochers fleuris et des oiseaux volant au milieu de nuages; au centre, un rocher, entouré de tiges de pivoines, sur lequel est posé un fong-hoang; au-dessus, un autre fong-hoang volant. Famille verte. En dessous, marque à six caractères à la date de *Kang-Shy* (1661-1722).

79 — Plat à marli décoré d'une bordure à fond filigrané brun semé de fleurs ornementales, coupée par quatre réserves contenant un écran accompagné de tiges fleuries ; au fond, un paysage.

80 — Petit plat à bord lobé, portant sur le marli une bordure à fonds partiels de mosaïques variées et lambrequin, dont chaque compartiment est occupé par un objet sacré alternant avec une fleur ; au fond, un rocher fleuri sur lequel est perché un coq.

81 — Assiette du même service.

82 — Deux petits plats décorés en bleu sous couverte ; sur le marli, bordure quadrillée coupée par quatre réserves contenant un groupe de pêches ; au fond, un sujet représentant un intérieur avec des personnages. En dessous, marque à six caractères à la date de *Tching-Hoa* (1467-1485).

83 — Deux petits plats creux à bord évasé et festonné, large bordure à compartiments occupés alternativement par une femme assise, un paysage et un vase de fleurs ; au centre, un vase de fleurs. Famille verte.

84 — Deux assiettes à bordure mosaïque quadrillée coupée par huit réserves de fleurs; au fond, une grande rosace à huit pointes occupées par des fleurs et des rochers; au centre, un panier fleuri. Famille verte.

85 — Deux assiettes à légère bordure fleuronnée en bleu rouge et or; au fond, un panier fleuri en émaux de la famille verte, dans un encadrement fond bleu à rinceaux fleuris.

86 — Deux assiettes décorées sur le marli de fonds partiels rose quadrillé et filigranes bruns semés de fleurs entourant quatre compartiments contenant des bouquets; au centre, autour d'un rocher, des vases contenant des fleurs, des plumes de paon, des branches de corail, etc.

87 — Deux assiettes octogones à bordure de lambrequins à fond filigrané brun portant alternativement un papillon rouge et or et un médaillon en réserve contenant une fleur; au fond, une oie brun et or, auprès d'un rocher fleuri portant une coupe remplie de fruits.

88 — Deux assiettes à bordure rouge mosaïque à réserve contenant des personnages et des canards; au fond, deux femmes, dont l'une tient un parasol, devant lesquelles sont trois oiseaux aquatiques.

89 — Deux assiettes à bordure mosaïque rose coupée par quatre réserves contenant des paysages; au fond, un navire à voiles sur la mer.

90 — Trois assiettes creuses à bord évasé et festonné, décorées, au fond, d'une grande rosace dont chaque dent est occupée par un guerrier et dont le médaillon central représente une femme à cheval précédée d'un guerrier tenant un étendard. Famille verte.

91 — Deux assiettes octogones à bordure formant lambrequin à fond filigrané brun décoré de fleurs; au fond, une grande chrysanthème ornementale accompagnée de deux grands papillons aux ailes étendues.

92 — Deux assiettes à bordure de lambrequins, à fonds mosaïques alternativement rose et bleu pâle quadrillé, décorés de fleurs orne-

mentales; au fond, un rocher fleuri sur lequel est posé un oiseau.

93 — Deux assiettes portant sur le marli quatre groupes de fleurs; au fond, dans une bordure mosaïque alternativement rose et bleu pâle quadrillé, une tige de pivoine en fleur, sur laquelle sont perchés deux oiseaux.

94 — Deux assiettes décorées sur le marli des huit immortels debout sur les flots de la mer; au centre, des canards dans un paysage aquatique.

95 — Deux assiettes à marli décoré de quatre groupes de vases, objets sacrés et fleurs; au fond, une habitation devant laquelle est une terrasse fermée par un mur à hauteur d'appui, avec meubles et vases de fleurs.

96 — Deux assiettes à bordure de lambrequins ornés de fleurs sur fond filigrané brun; au fond, un bouquet.

97 — Deux assiettes à bordure de lambrequins analogues dont les dents sont séparées par des pendentifs; au centre, un bouquet.

98 — Deux assiettes à bordure fond bleu sous couverte à demi-rosaces rouge et trois réserves occupées par des fleurs en couleurs à rehauts d'or sur lesquels retombe un store soutenu par deux glands; au fond, deux femmes dans un paysage.

99 — Deux assiettes octogones décorées en bleu, rouge et or; bordures mosaïques; au fond, un paysage.

100 — Deux assiettes décorées en bleu sous couverte; bordure d'alvéoles avec point central; au fond, dans un encadrement de rinceaux fleuris réservés en blanc sur un fond pailleté, grand cartouche rocaille surmonté d'une couronne de marquis et portant deux armoiries d'alliance.

101 — Trois assiettes décorées en bleu sous couverte; bordure de lambrequins; au fond, dans un encadrement de rinceaux fleuronnés, un panier fleuri.

102 — Assiette à étroite bordure mosaïque, d'où s'échappent quatre tiges fleuries; au fond, une femme, accompagnée d'une suivante,

s'entretenant avec un homme en robe verte, debout devant elle.

103 — Assiette à bordure, fond vert piqueté de noir, décorée de tiges de pêcher en fleur, à quatre réserves contenant des paysages; au fond, deux femmes dans un paysage, sous un saule pleureur. Famille verte.

104 — Assiette à marli étroit, portant une bordure verte piquetée de noir et portant des demi-chrysanthèmes, coupée par quatre réserves de fleurs; au fond, des nelumbos sortant de l'eau, où nagent deux canards.

105 — Petit plat en porcelaine blanche de Chine décorée en Hollande; sur le marli, trois bouquets; au fond, un paysage pseudo-chinois, traversé par un cours d'eau.

106 — Assiette du même service; sur le premier plan du paysage, un arbre portant un oiseau, au pied, un nid et un autre oiseau.

107 — Compotier en porcelaine mince, à bordure verte quadrillée et lambrequins, fond d'or clathré, entre les dents duquel sont

placées des fleurs; au fond, un panier fleuri. Revers émaillé en rouge d'or.

108 — Grande soucoupe à bordure quadrillée rose, coupée par quatre réserves de rinceaux et soutenant quatre dents de lambrequins composées de rinceaux fleuris en or alternant avec quatre groupes de fleurs et fruits; au fond, un bouquet et des papillons.

109 — Deux plats décorés en bleu, rouge et or; bordure de lambrequins; au fond, un vase contenant des fleurs. Japon.

110 — Deux petits plats décorés en bleu, rouge et or; sur le marli; des fleurs couvertes en partie par une bande d'étoffe, et deux médaillons réniformes contenant des paysages; au fond, un bouquet avec bande d'étoffe et médaillon analogue. Japon.

111 — Grand plat décoré en bleu sous couverte; sur le marli, bordure composée de rouleaux, éventails, feuillages, etc.; au fond, un ombilic décoré d'éventails et rouleaux superposés, sur fond quadrillé; autour, quatre groupes de vases et de fleurs.

112 — Deux petits plats à bords festonnés et décor rayonnant en bleu sous couverte.

113 — Petit plat ovale, décoré en bleu, rouge et or, avec rehauts en couleurs de la famille verte; bordure fond bleu orné de rinceaux fleuris, coupée par quatre réserves contenant des rochers fleuris; au fond, un saule et des nelumbos.

114 — Deux assiettes décorées en bleu, rouge et or; bordure de fleurs alternant avec des vases et objets sacrés; au fond, un homme et une femme en costume européen du temps de Louis XIV, et accompagnés d'un chien, se promènent dans un paysage.

115 — Garniture de cinq pièces : trois potiches et deux cornets, décorés en bleu, rouge et or; le bouton des potiches est formé par une chimère dorée. Japon.

116 — Garniture de cinq petites pièces : trois potiches en hauteur et deux cornets, décorés d'un rocher fleuri accompagné de deux coqs.

117 — Deux théières sphériques, décorées sur

chaque face, en relief, d'un panier fleuri, dont le corps est repercé à jour et doré, les tiges des fleurs se répandent sur la panse de la théière; les couvercles sont terminés par un groupe de fleurs en relief.

118 — Deux plateaux à bords lobés, à décor analogue.

119 — Théière piriforme à anse et goulot formés par des tiges vertes accompagnées de feuilles et boutons de fleurs en relief; le culot et le dessus du couvercle sont décorés de godrons teintés en rouge pourpre.

120 — Théière ovale de plan, à quatre lobes et trois petits pieds, décorée d'arbustes et plantes d'eau en fleur. Famille verte.

121 — Théière piriforme, à bordure de rinceaux fleuris en rouge et or; le couvercle porte un décor analogue; au pourtour, des enfants jouant, sous la surveillance de trois femmes, dans un jardin.

122 — Théière piriforme, décorée d'un rocher fleuri, sur lequel est perché un coq.

123 — Théière sphérique surbaissée, à fond noir décoré de fleurs en couleurs, et deux médaillons réniformes contenant des chrysanthèmes.

124 — Théière sphérique à fond d'or décoré de rinceaux fleuris tracés en noir; sur chaque face, un médaillon lobé contenant deux coqs se disposant au combat.

125 — Petite théière sphérique, fond noir, décorée de pêches et fleurettes semées en rouge pourpre.

126 — Pot à lait couvert, à fond de rinceaux fleuris et médaillons contenant une sorte de coupe en noir et or.

127 — Pot à lait couvert, octogone, décoré alternativement, sur chaque pan, de tiges fleuries dressées et d'un fond filigrané brun portant une fleur ornementale.

128 — Boîte à thé oblongue, à huit pans; fond bleu turquoise clathré; sur chaque face, un médaillon rond, décoré au centre d'une fleur de pivoine sur fond noir, au-dessus et au-

dessous de laquelle est placée une couronne soutenue par deux bras.

129 — Deux petits paniers hexagones ajourés et à anse supérieure teintée en rouge et or.

130 — Deux petits perroquets verts, perchés sur un rocher teinté en jaune. Porcelaine émaillée sur biscuit.

131 — Pomme de canne à décor européen; au pourtour, une chasse; sur le dessus, un portrait de femme.

132 — Bouteille à corps turbiné, à six lobes et col mince, à ouverture évasée, accosté de deux anses dorées soutenant des anneaux mobiles; décor en bleu sous couverte; sur chaque lobe, un rocher entouré d'arbustes fleuris.

133 — Paire de bouteilles à corps aplati et col cylindrique renflé à l'ouverture; sur chaque face, une tige fleurie.

134 — Deux sucriers couverts, décorés de fleurs et rosaces en bleu sous couverte.

135 — Salière en forme de coupe évasée et godronnée, élevée sur piédouche, décorée de fleurs en bleu sous couverte.

136 — Lot de trente soucoupes et trois plateaux variés.

FAIENCES DE DELFT ET AUTRES

137 — Garniture de cinq pièces, trois potiches couvertes et deux cornets hexagones, décorés en bleu; sur la face, un médaillon encadré de rinceaux en relief et contenant un paysage. Marque à la hache.

138 — Réchaud octogone pourvu du récipient destiné à contenir les charbons, et décoré en bleu; sur la face principale, une figure de la République batave, tenant le chapeau, assise sur des canons et entourée de drapeaux.

139 — Cage quadrangulaire de plan et à partie supérieure cintrée, décorée en bleu de guirlandes symétriques; sur chaque face, des sujets à personnages et des paysages.

140 — Plat décoré en bleu; sur le marli, bordure de rinceaux à grosses fleurs; au fond, un sujet biblique, à la partie inférieure duquel est placé un cartouche portant cette inscription : 1 Samuel 16.

141 — Plat décoré en bleu ; sur le marli, bordure à lambrequins; au fond, une scène de lapidation; à la base, l'inscription : 1 Reg. 21, v. 13.

142 — Petit plat décoré en bleu, à bordure dentelée et grand médaillon central renfermant une scène pastorale.

143 — Plat à décor bleu pseudo-chinois; bordure à compartiments contenant alternativement un personnage et des fleurs ornementales; au fond, un paysage avec deux personnages.

144 — Plat décoré en bleu, à bordure et fond de rinceaux fleuris encadrant un médaillon occupé par un amour.

145 — Plat décoré en bleu d'un paysage en plein.

146 — Assiette analogue.

147 — Plat à décor rayonnant, polychrome de style chinois. En dessous, la marque : V. Duijn.

148 — Plat à décor polychrome ; au centre, un panier fleuri.

149 — Deux plats à bords festonnés, à décor bleu; bordure de fleurs ornementales; au fond, dans un médaillon, un oiseau debout au milieu de plantes et d'arbrisseaux. Marque à la hache.

150 — Deux plats à bords festonnés et décorés en bleu; bordure à six compartiments, contenant des vases de fruits; au fond, un vase contenant des fleurs. — Marque à la hache.

151 — Plat à bords festonnés, décoré en bleu; bordure ornementale; au fond, un arbre à grandes fleurs. Marqué : V. Duijn.

152 — Plat semblable plus petit.

153 — Deux plats à décor bleu de style chinois; bordure de grosses fleurs et feuillages symétriques; au fond, une femme dans un paysage. — Marque à la griffe.

154 — Deux plats à décor polychrome de style pseudo-persan.

155 — Deux plats à décor polychrome de fleurs, avec rosace centrale.

156 — Deux plats à décor polychrome de style pseudo-chinois.

157 — Deux plats à décor polychrome; au fond, une femme tenant une corne d'abondance.

158 — Deux petits plats à décor bleu de style chinois; au centre, un panier fleuri.

159 — Deux assiettes à décor polychrome; légère bordure de fleurs et feuillages; au fond, deux écus armoriés surmontés de couronnes avec les chiffres : L : V : D : B (L. van der Bijl) et M : S : V[r].

160 — Six assiettes à décor plein en bleu, représentant des scènes caractérisant les six premiers mois de l'année, dont les noms sont inscrits à la partie supérieure. — Marque à la hache.

161 — Petite assiette décorée en jaune avec rehauts de bleu; au fond, un amour s'appuyant sur un bouclier. Faïence italienne.

162 — Deux têtes de pipes; l'une représentant une tête de femme coiffée d'un turban; l'autre, un soldat coiffé d'un tricorne. La monture de la dernière est en argent. Porcelaine de Saxe.

163 — Deux petites figurines de carlin en porcelaine de Kronenberg.

www.ingramcontent.com/pod-product-compliance
Ingram Content Group UK Ltd.
Pitfield, Milton Keynes, MK11 3LW, UK
UKHW032014260826
14628UKWH00005B/2500

9 782329 510989